전략적
의지가
없으면
싸구려다

〈하버드 비즈니스 리뷰 클래식〉 시리즈

1922년부터 시작한 〈하버드 비즈니스 리뷰Harvard Business Review〉는 경영 현장에서 획기적인 아이디어를 적용시키는 데 주요한 역할을 해왔다. 오늘날에도 여전히 시리즈 중 많은 책들이 회자가 되고 있고, 많은 영향을 미치고 있다.

특히 〈하버드 비즈니스 리뷰 클래식Harvard Business Review CLASSICS〉 시리즈는 지금도 비즈니스에 주요한 작품들을 꾸준히 펴냄으로써, 경영자가 경영을 하는 데 참고 자료로 삼을 수 있게 하였다. 마치 도서관과 같은 역할을 하고 있는 셈이다.

시리즈 각각의 책들이 담고 있는 혁신적인 아이디어는 전 세계의 셀 수 없이 많은 경영자들이 모범적인 경영을 할 수 있게 도왔고, 영감을 주었다. 또한 지금도 여전히 비즈니스 세계에 대한 당신의 생각에 변화를 일으키고 있다.

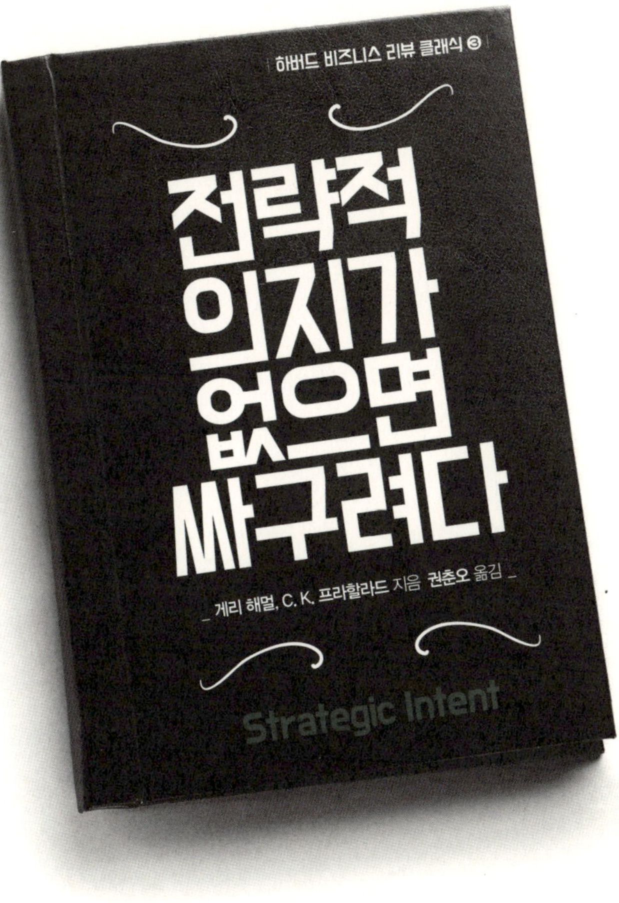
하버드 비즈니스 리뷰 클래식 ③
전략적 의지가 없으면 싸구려다
게리 해멀, C. K. 프라할라드 지음 권춘오 옮김
Strategic Intent

Sb
smart business

차례

전략적 의지에서의 '야망 표출' 5

전략적 의지에서의 '목표' 16

전략적 의지에서의 '도전 과제' 30

전략적 의지에서의 '경쟁력 확보' 42

전략적 의지에서의 '경쟁력 부활' 64

전략적 의지에서의 '경영자 역할' 85

부록

전략 재구축하기 100
실패의 프로세스 107
요약 114

Strategic Intent

전략적 의지에서의 '야망 표출'

지금도 전 세계 수많은 비즈니스 분야에서 거의 모든 경영자들이, 경쟁자보다 더 탁월한 경쟁력을 갖추기 위해 최선의 노력을 경주하고 있다.

인건비를 낮추기 위해 해외에 공장을 짓고, 글로벌 규모를 맞추기 위해 생산 라인을 효율화하고, 양질의 순환과 적시에 생산할 수 있는 방식을 모색하고, 새로운 인력 관리 방식을 도입한다.

이렇게 해도 경쟁력이 확보되지 않으면, 경영자들은 우선적으로 경쟁의 균형을 이뤄줄 수 있는 기업들과 전략적 제휴를 추진하기도 한다.

이러한 조치들은 모두 의미심장하다. 그러나 선두주자의 방식을 단순히 모방하는 데 그친다면, 경쟁력 확보는 더 요원해질 것이다.

안타깝게도 단순한 모방 이상의 성취를 이루는 기업은 소수에 불과하다. 여전히 많은 기업들은 경쟁자들이 이미 이룩해낸 비용적, 질적 경쟁력을 단순히 흉내 내는 차원에 머물고 있다.

더 최악은 흉내 내는 차원에 머무는 데도 엄청난 에너지와 비용이 소요된다는 사실이다.

Strategic Intent

모방은 아무리 좋게 이야기해도 빛 좋은 개살구일 뿐이다. 절대 모방만으로는 경쟁력을 부활시킬 수 없다. 더군다나 전략에 정통한 경쟁자들은 이미 모방에 기반한 상대방의 전략을 쉽게 간파한다.

더 두려운 사실은 성공적인 경쟁자들이 현재의 그 자리에 그냥 머무르고 있지 않는다는 것이다. 그들은 지금보다 더 높이 올라간다.

따라서 경쟁자들이 이룩하는 새로운 성취에 질린 경영자들이, 이 끝없는 '따라잡기 게임'의 질곡에 빠지는 일은 새삼 놀라운 일도 아니다.

그렇다면 경쟁력을 다시 회복하기 위해 이들 경영자들이 해야 할 일은 무엇인가?

그것은 전략의 기본 컨셉들을 다시 생각하는 것이다. 새로운 글로벌 기업들의 전략이 발전하면서, 기존에 수많은 기업들의 전략적 경쟁력은 퇴보해왔다.

우리는 '전략적 맞춤Strategic Fit, 재원과 기회', '포괄적 전략Generic Strategies, 저비용 vs 차별화 vs 집중', '전략 체계Strategy Hierarchy, 목표, 전략, 전술'와 같은 컨셉에 대한 적용이 기존 기업들의 경쟁력 급락 과정을 조장해왔다고 믿는다.

새로운 글로벌 경쟁자들은 이러한 경영에 관한 서구적 컨셉, 즉 서구적 사고방식의 배경과 근본적으로 다른 관점을 가지고 전략에 접근했다.

따라서 이러한 경쟁자를 대적하고, 기존 상황을 맞추는 데 급급한 미미한 조정은 경쟁 부활에 전혀 도

Strategic Intent

움을 주지 못한다. (우리는 부록 '전략 재구축하기'에서 이와 관련된 조사를 언급하고, 거대 다국적 기업들의 전략에 관한 두 가지 상반된 접근 방식에 대해 기술했다.)

새로운 글로벌 경쟁자들이 이룩한 성과를 넘어서는 부러울 만한 실적을 낸 서구 기업은 소수에 불과하다.
왜 이런 일이 일어났을까?

해답은 대부분의 서구 기업들이 경쟁자를 분석하는 데 사용하는 방법에서 시작된다. 전형적인 서구식 경쟁자 분석은 현 경쟁자의 기존 자원인력, 기술, 재무에 집중한다.
위협으로 보이는 기업들은 다음 분기 혹은 다음 회

기에 마진과 시장점유율을 부식富蝕시키는 자원을 가진 기업들이다.

그러나 새로운 경쟁 우위가 구축되기 시작하는 것, 즉 전체 자원Resourcefulness, 대처 능력, 활용 능력, 지략 등 눈에 보이지 않는 것까지 포함된 자원에 대한 분석은 거의 산입되지 않는다.

이러한 관점에서, 전통적인 서구식 경쟁자 분석은 빠르게 움직이는 자동차의 정지 사진과 같다.

이 사진은 자동차의 속도와 방향에 대해 아무런 정보를 주지 못한다. 운전자가 주말의 여유로운 운전을 즐기는지, 아니면 자동차 경주를 위해 맹렬히 예열 중인지도 파악되지 않는다.

Strategic Intent

지금까지도 수많은 경영자들은 –고통스러운 경험을 통해– 사업의 초기 자원풍부하거나 메말랐거나이 성공의 지표가 아니라는 점을 학습한다.

과거를 생각해보자. 1970년대 일본 기업들은 선두를 달리던 미국과 유럽 기업들의 자원 기반, 제조 규모, 기술적 역량을 거의 갖추고 있지 않았다.

일본 건설중장비 업체 코마츠는 매출 기준으로 미국 캐터필러의 35%에도 못 미쳤고, 일본 외 지역에서는 힘을 쓰지 못했으며, 대부분 매출 또한 소형 불도저라는 단 하나의 생산 라인에만 의존했다.

혼다는 미국의 4등 업체인 아메리칸모터스보다 작았고, 미국에 단 한 대의 자동차도 수출하지 못했다.

캐논의 초기 복사기 사업은 40억 달러 규모의 제록스에 비하면 불쌍하게 보일 정도였다.

서구 기업의 경영자들이 그들의 경쟁자 분석을 이들 기업에까지 확대했다면, 그때와 지금의 자원 간 불일치가 얼마나 극적으로 변했는지 인지할 수 있을 것이다.

1985년에 이르러 코마츠는 산업용로봇, 반도체, 토목 분야의 광범위한 기계들을 아우르는 28억 달러 규모의 회사로 성장했다. 1987년에 이르러 혼다는 미국의 크라이슬러처럼 전 세계에 수많은 자동차를 수출하는 회사가 되었다. 캐논은 제록스의 전 세계 시장점유율을 따라잡았다.

Strategic Intent

여기서 말하는 교훈은 명확하다. 이미 잘 알려진 경쟁자들의 현 전술적 우위를 측정하는 것은 그들의 결단력, 체력, 창의성을 파악하는 데 전혀 도움이 되지 않는다는 점이다.

중국의 군사전략가 손자는 이미 3천 년 전에 이 점을 명확히 짚어 냈다. 그는 이렇게 말했다.

"아군이 이기는 형세는 모두들 알지만, 위대한 승리를 거둘 수 있는 근본적인 형세를 아는 이는 없다."

지난 20년 동안 글로벌 리더십에 도달한 기업들을 보자. 그들은 하나같이 자신들이 보유했던 자원과 역량을 뛰어넘는 위대한 야망을 가지고 시작했다.

그들에게는 조직과 경영 과정의 모든 단계에서 승리해야 한다는 강박관념이 있었다. 그리고 글로벌 리더십을 추구하며 10~20년 이상, 그 강박관념을 유지했다. 우리는 이러한 강박관념을 '전략적 의지'라 칭한다.

이러한 전략적 의지가 그들이 원하는 리더십 지위와 조직의 진화를 측정하는 기준을 확립하게 했다. 코마츠는 '캐터필러를 포위'하기 위해 준비했고, 캐논은 '제록스를 무릎 꿇리는' 것을 추진했다. 혼다는 '제2의 포드'를 목표로 자동차 산업의 신개척자가 되기 위해 노력했다. 이 모든 것이 전략적 의지의 발산이다.

동시에 전략적 의지는 단순하게 야망을 표출하는 것 이상을 의미한다. 야망에 찬 전략적 의지를 가진

Strategic Intent

수많은 기업들이 그들의 궁극적인 목표에 도달하는 것은 또 다른 문제이기 때문이다.

단순히 야망을 표출하는 것 이상이 되려면, 전략적 의지라는 개념은 다음과 같은 적극적인 경영 과정을 모두 포함해야 한다.

승리의 본질에 대한 조직의 주의主義에 집중하고, 목표의 가치를 서로 소통하면서 구성원들에게 동기를 부여하고, 개인과 팀의 공헌에 대한 여지를 남겨 두어야 한다.

또한 환경 변화에 따른 운영상의 새로운 정의를 제공해 열정을 유지하고, 자원 할당을 관리하여 끊임없이 전략적 의지를 활용하는 것이다.

Harvard Business Review CLASSICS 3

전략적 의지에서의 '목표'

⋮

 소련에 앞서 인간을 달에 보내겠다는 '아폴로 프로그램'은 캐터필러에 대항하는 코마츠처럼, 전략적 의지에서의 목표에 집중하는 것이었다.

 이로 인해 우주 프로그램은 소련에 대항하는 미국의 기술 경쟁에 대한 전광판이 되었다. 캐터필러에 대한 코마츠의 전략적 의지가 이러했다.

Strategic Intent

일본의 NEC는 어떤가. 격변하는 정보기술 산업에서, 단일한 경쟁자를 하나의 목표로 삼는 일은 쉽지 않은 일이다.

따라서 NEC가 1970년대 초에 설정한 전략적 의지는 컴퓨팅과 커뮤니케이션의 접합을 가능케 하는 것이었다. 그들이 최고의 위치를 점유하기 위해서는 관련 기술 확보가 최대의 관건이었다.

다른 산업 관찰자들 또한 이러한 접합 부분을 예견했지만, NEC만 오직 그 접합점을 전략적 의사결정을 위한 경영 지침으로 삼았다.

NEC는 컴퓨팅과 커뮤니케이션을 그들의 전략적 의지로 채택한 것이다.

Harvard Business Review CLASSICS 3

코카콜라의 전략적 의지는 전 세계의 모든 소비자들에게 '손이 닿는' 거리 내에 콜라를 유통시키는 것이었다.

글로벌 리더십 전쟁에서, 가장 중요한 일 중 하나는 조직의 주의나 관심 영역을 넓게 하는 것이다. 전략적 의지는 새로운 기회가 부상하면 새로운 해석에 대한 여지를 남긴다. 그럼에도 단기적 행동에서 **(전략적 의지의)** 일관성을 유지한다.

코마츠의 '캐터필러를 포위한다'는 개념은 캐터필러의 약점을 공략하거나, 코마츠의 특정한 경쟁력을 구축하는 것을 목표로 하는 일련의 중단기적 프로그램까지 포괄한 것이다.

Strategic Intent

예를 들어 캐터필러가 일본 내 코마츠 시장을 위협할 때, 코마츠의 대응 방식은 이렇다.

처음에는 질을 향상시키고, 그다음 가격을 낮추고, 이후에는 새로운 제품을 개발하여 수출 시장을 늘리는 것으로 대응한다는 식이다.

전략적 의지는 '성공에 대한 공로 평가' 또한 기존 서구적 사고방식과 다르다. 성공에 대한 자신들의 공로를 어떻게 측정하는지, 미국 기업의 CEO들에게 물어보라. 아마도 주주의 이익을 중심으로 대답한다는 사실을 알게 될 것이다.

하지만 전략적 의지를 가진 기업의 최고경영자는 다르다. 그들은 글로벌 시장 리더십을 기준으로 이야기하는 경향이 더 짙다. 시장점유 리더십은 당연히 주주에게 확실한 이익을 준다.

그러나 주주의 이익과 시장점유율이라는 두 가지 목표가 동기부여에 있어 동일한 영향력을 갖지는 않는다.

주주들에게 더 큰 부를 안겨 주려는 생각만 하면서 매일 매일을 시작하는 사람이 있겠는가?

그러나 일본의 한 자동차 회사처럼 '벤츠를 이기자'는 슬로건이라면 임직원들이 어떤 생각을 하겠는가?

단순히 주주 이익을 위해 열심히 일하자는 것과는 분명 다르다.

Strategic Intent

전략적 의지는 직원들에게 헌신할 가치가 있는 하나의 목표를 제공해준다.

'최고를 이기자! 최고가 되자!'

수많은 기업들은 전략적 의지보다는 전략적 계획에 더 익숙하다. 전략적 계획은 대체로 실행 가능성에 중점을 둔다. 전략적 계획은 무엇what 뿐만 아니라, 어떻게how를 잘 파악하느냐 못하느냐에 따라, 기업의 경영자들에게 받아들여지거나 거부된다.

- 이정표는 명확한가?
- 필요한 기술이나 자원을 갖추고 있는가?
- 경쟁자들은 어떻게 반응할 것인가?
- 시장에 대한 전반적인 조사가 이루어졌는가?

전략적 계획은 어떤 형태로든 '현실적 가능성'을 중시한다. 조직의 모든 부문에서, 현장에서 최고경영진에 이르는 조직원 전 구성원들에게 '현실'을 강조하고 경고한다.

하지만 과연 이러한 방식으로 글로벌 리더십을 계획할 수 있을까?

코마츠, 캐논, 혼다는 서구 시장 공략을 위해 상세한 20년 전략을 가지고 있었을까?

일본과 한국의 경영자들은 서구의 경영자보다 더 뛰어난 계획자들인가?

아니다. 분명 전략적 계획은 가치가 있지만, 글로벌 리더십은 전략적 계획의 범위 밖에 있는 주제다. **따라**

Strategic Intent

서 코마츠, 캐논, 혼다, 일본과 한국의 경영자들은 글로벌 리더십을 위해 전략적 계획보다는 전략적 의지를 선택한 것이다.

우리는 전략적 의지를 설정하기 위한 고도의 개발 계획 시스템을 갖춘 기업들이 거의 없다는 사실을 잘 알고 있다. 더욱이 전략적 맞춤에 대한 테스트가 더 절박한 상황이 되면, 계획될 수 없는 목표는 진전되지 못하는 운명에 처하게 된다.

그러나 계획된 범위를 벗어난 목표를 수행하는 것에, 두려움을 가진 기업들은 글로벌 리더가 되지 못한다.

사실 전략적 계획은 현재보다는 미래 지향적인 방

식이다. 하지만 경영 압박에 처한 대부분의 경영자들은 전략적 계획이 미래의 기회보다는 현재의 문제에 대해 더 많은 것들을 알려줄 거라고 믿는다.

하지만 거의 모든 산업 분야에서 변화의 속도는 빨라지고, 예측 가능한 지평은 점점 더 줄어들고 있다. 그래서 많은 경영자들은 계획 사이클의 초기에 새로운 문제에 직면하게 되면 종종 집중하는 대상을 바꾸게 된다. 이렇게 되면 그 계획은 새로운 문제를 해결하는 것에도 전혀 도움이 되지 않는다.

전략적 계획과 달리 전략적 의지에서의 목표는 미래를 현재로 포괄하는 것이다.

중요한 질문은 "내년은 올해와 어떻게 다를 것인

Strategic Intent

가?"가 아니다. "전략적 의지의 목표에 좀 더 가깝게 다가서기 위해, 내년에 무엇이 달라져야 하는가?"이다.

분명하게 표현된 전략적 의지를 고수함으로써, 일련의 연속적인 연간 계획들이 글로벌 리더십이라는 총합으로 나타나게 되는 것이다.

글로벌 리더십의 지위에 우연히 올라설 기회는 극히 드물다. 방향성 없는 과정으로는 기업이 글로벌 리더십에 도달할 수 없다.

비밀 실험실에서 제작한 제품 혹은 은밀한 내부 벤처 사업을 통해, 글로벌 리더십의 지위에 올라서는 것도 거의 불가능한 일이다. 이러한 구상의 배경에는 허무맹랑한 가정이 숨어 있다.

조직이 너무 보수적이고 전형적이기 때문에 혁신을 이룰 유일한 방법은 소수의 현명한 사람들을 밀실에 몰아넣고, 일정 자금을 투입한 후에 놀라운 일이 벌어지길 희망한다는 가정이 그것이다.

혁신에 대한 이러한 실리콘밸리식 접근에서, 최고경영자들의 역할은 제한적일 수밖에 없다. 기껏해야 기존 기업 전략에 이들의 사업적 성공을 새로이 장착시키는 것이다. 그럼에도 실제로 여기에 최고경영자가 추가시키는 가치는 별로 높지 않다.

아쉽게도 혁신에 대한 이러한 관점은 꽤 많은 거대

Strategic Intent

기업들 내에서 현실이 되었다. 이로 인해 주주를 만족시키고 동시에 경쟁자들을 궁지로 몰아붙이는 것 이상의 바람직스러운 결과를 낼 수 있는 기회는 그만큼 사라지게 된다.

더불어 최고경영자는 계획 형태, 보상 기준, 시장 정의, 용인된 산업 규칙 등을 한꺼번에 고려해야 한다. 그 결과, 이용 가능한 수단의 범위는 그만큼 더 제한되고, 혁신은 어쩔 수 없이 고립된 활동에 의존하게 된다.

즉, 최고경영자는 전략적 의지를 향한 다수 팀들의 노력을 묶는 능력보다는 개인과 소규모 팀의 혁신 능력에 더 의존하게 되는 것이다.

하지만 자원의 한계를 극복해 리더십 지위를 구축하려는 회사라면 어떨까?

그들은 수단과 결과를 다르게 본다. 즉, 전략적 의지는 결과에 대해 명확한 입장을 가진다. 반면 수단에 대해서는 유연하다. 적어도 수단에 있어 즉흥성에 대한 여지를 남기는 것이다.

전략적 의지를 달성하려면 수단에 대한 관점이 매우 창의적이어야 하기 때문이다.

후지쯔가 IBM을 공격하기 위해 유럽에서 활용한 전략적 제휴 방식을 보자. 이들의 제휴 방식에서의 창의성은 사전에 명확하게 인식한 결과 즉, 글로벌 리더십를 수행하는 과정에서 나왔다.

Strategic Intent

 물론 이러한 창의성에 제약이 없는 것은 아니다. 최고경영자가 타당성을 테스트할 수 있는 기준을 정할 수 있기 때문이다.

 따라서 중간관리자들은 설정된 재무 목표를 이행하는 것보다 더 많은 일을 고려하고 수행해야 한다.

 현재의 능력과 자원이 충분하지 않을 것이고, 이로 인해 조직은 더 큰 창의성을 갖춰야 하고, 제한된 자원을 총동원해야 할 것이다.

 전략적 의지로 인해 조직 구성원들은 좀 더 큰 그림을 그려야 한다.

Harvard Business Review CLASSICS 3

전략적 의지에서의 '도전 과제'

전통적 관점에서 전략은 기존 자원과 현재 기회들 간의 맞춤 정도에 집중한다. 반면에 전략적 의지는 자원과 야망이 극도로 맞지 않는 상황이다.

그래서 최고경영자는 새로운 경쟁 우위를 체계적으로 구축함으로써, 조직이 그 격차를 줄이는 데 도전하도록 만들어야 한다.

Strategic Intent

캐논은 처음에 제록스의 특허를 파악하고, 그다음 초기 시장을 경험할 수 있는 제품에 대한 제작 기술을 라이센싱하고, 그다음 내부 R&D 연구를 진행했다. 그리고 나서 더 많은 R&D 투자를 통해 다른 제조사들에게 캐논이 보유한 기술을 라이센싱하도록 하고, 그다음 제록스의 영향이 약화된 일본과 유럽에서 시장 세그먼트에 진입하는 것을 목표로 삼았다.

이러한 점에서 전략적 의지는 마라톤에서 400m를 전력 질주로 달리는 것과 비슷하다. 기업에서 전략은 거리만 주어지고 방향은 정해지지 않는 마라톤을 달리는 것과 같다.

어느 누구도 42.195km를 달리면서 그다음 지형이 어떠한지 알 수가 없다. 따라서 최고경영자의 역할은 조직의 주의력을 다음 400m 앞의 지형에 집중하게 하는 것이다.

조직에게 회사의 도전 과제를 계속해서 제시하고, 경주 중 등장하는 다음 언덕을 알려주어 전략적 의지를 달성할 수 있게 해야 한다.

1년간 도전의 질을 측정하고, 다음 해는 전체적인 고객 관리, 그다음 해는 신규 시장 진입, 그다음 해는 생산 라인의 활력을 고취해야 한다.

기업의 도전은 새로운 경쟁 우위를 취득하고, 중단기적 관점에서 직원들의 노력을 얻기 위한 중심점을 확인하는 것이어야 한다.

전략적 의지를 가짐으로써, 최고경영자들의 성과

Strategic Intent

혹은 결과는 더욱 구체적이 된다. 예를 들면 제품 개발에 걸리는 시간을 75%까지 단축시킨다는 식이다.

전략적 의지에서 나오는 기업의 도전 과제는 기업을 더욱 성장하게 만든다.

캐논은 가정용 혹은 개인용 복사기 사업을 제록스보다 먼저 선점하기 위해, 엔지니어들에게 1,000달러라는 가정용 복사기의 목표 가격을 주문했다.

캐논의 이런 목표가 제록스의 개인용 복사기 시장 진입을 늦추거나 단념시키는 데 필요한, 가격과 성능에서의 급진적인 진보를 제공하지는 않았다.

대신 캐논 엔지니어들은 복사기를 재창조하라는 과제에 도전했다. 기존 복사기에서 사용한 복잡한 이미지 전송 메커니즘을 일회용 카트리지로 대체함으로써, 그 도전에 성공을 거두었다.

기업의 도전 과제는 산업 진화의 패턴을 예상하는 것뿐만 아니라, 경쟁자를 분석하는 것에서도 도출된다.
이 두 가지가 잠재적 경쟁의 출현이 무엇일지 알려주고, 더 나은 지위를 선점한 경쟁자들로부터 주도권을 가져오는 데 필요한 새로운 능력이나 기술이 무엇인지를 확인시켜준다.

효과적으로 도전 과제를 해결하기 위해, 개인과 팀은 조직 전반에 걸쳐 도전 과제를 이해해야 한다.
또한 그것이 그들 각자의 업무에 있어 의미하는 바가 무엇인지도 깨달아야 한다.

Strategic Intent

새로운 경쟁력을 빠르게 창출하기 위해 도전 과제를 설정한 기업의 −포드와 IBM이 질적 향상을 위해 그러했듯이− 최고경영자는 조직 전체를 참여시키기 위해 다음과 같은 일을 수행해야 한다.

- 대책을 세우지 않아 실제로 위기를 촉발시키지 말고, 향상되어야 할 필요성을 보여주는 산업 환경 내 작은 신호를 크게 증폭시켜라. 그런 방법으로 조직 내 위기의식이나 유사 위기를 조성하라.

- 경쟁 지능Competitive Intelligence의 전면적 활용을 통해 모든 단계와 수준에서 경쟁자에 집중하는 구도를 형성하라. 모든 직원들이 최고의 위치에 있는 경쟁자들을 염두에 두고 자신이 무엇을 해야 하는지를 벤치마킹해야 한다. 따라서 도전

과제는 개인적인 것이 된다. 예를 들어 포드는 생산 라인 직원들에게 마쯔다의 가장 효율적인 공장의 운영을 비디오로 상영해줬다.

- 효율적으로 업무를 실행하는 데 필요한 기술 혹은 역량을 직원들에게 제공하라. 통계 도구, 문제 해결, 가치를 키우는 엔지니어링, 팀 빌딩 등을 교육하라.

- 다른 도전 과제를 발족하기 전에 하나의 도전 과제를 완전히 소화할 수 있도록 조직에게 시간을 제공하라. 경쟁적 과제가 조직에 과부하를 줄 때, 중간 관리자들은 우선순위 변경이라는 잘못된 신호를 통해 자신의 팀원을 보호하려고 한다. 그러나 "이번에 힘들다면 기다리고 있어 봐."는 태도는 궁극적으로 기업의 도전이라는 신뢰성을 훼손해 버린다.

Strategic Intent

- 진행을 추적하고 내부 인정과 보상이 바람직한 행동을 강화할 수 있도록, 명확한 이정표를 확립하고 메커니즘을 검토하라. 목표는 기업 내에서 그 도전 과제가 피할 수 없는 것임을 분명히 하는 것이다.

기업의 도전 과제를 관리하는 과정에서, 그 과정이 창출하는 경쟁력을 구분 짓는 것은 무엇보다 중요하다. 실질적인 도전 과제가 무엇이든 −질, 비용, 가치 창출, 혹은 그 밖의 것들− 직원들이 새로운 능력이나 기술 개발을 할 수 있도록, 현명하게 그리고 정서적으로 관리해야 한다.

경쟁력을 위해 고위경영자와 일선 직원들이 상호 책임감을 느낄 때만 그 도전은 튼튼하게 뿌리를 내린다.

상호 책임감에 대해 이야기해보자. 우리는 수많은 미국 기업들이 직원들에게 실패에 대한 비난과 고통을 불공평하게 떠넘겼다고 믿는다.

한 미국 회사의 경영진은 극동 지역의 경쟁자들과 인건비를 맞추기 위해, 시간제 노동자들에게 40% 임금 패키지 인하를 추진했었다. 그 결과 장기간 파업을 유발시켰고, 결국 일괄적으로 10% 임금 인하로 매듭지어졌다.

사실 제조업에서 직접 인건비는 창출되는 전체 가치의 15% 미만이다. 따라서 회사는 전체 비용의 1.5%에 불과한 절감에는 성공했을지 모르지만, 대신 전체 생산직 노동자들의 사기를 꺾어 버렸다.

Strategic Intent

그들이 비용 절감을 위해 내세운 임금 인하는 정답이 아니었다. 아이러니하게도 각종 연구 분석은 그들 경쟁자들의 가장 중요한 비용 절감은 '저임금 시급'이 아닌, 직원들이 고안해낸 '더 효율적인 업무 방식'에서 나왔음을 보여주고 있다.

니산 자동차를 보자. 엔화 강세가 발생했을 때, 니산 자동차 경영진은 스스로 자신들의 임금을 큰 폭으로 삭감했다. 이후 중간관리자와 현장 노동자들에게는 상대적으로 작은 희생을 요청했다.

상호 책임감이란 이익과 고통을 함께 공유하는 것을 의미한다. 그럼에도 많은 기업 내에서, 경쟁력 부활을 위한 고통은 거의 대부분 직원들의 몫이다.

Harvard Business Review CLASSICS 3

직원들에게는 기업의 쇠퇴와 침체에 대한 책임이 가장 적다. 하지만 회사는 회사의 목표를 위해 너무나 빈번하게 직원들에게 헌신을 요구한다.

최고경영진은 고용 안정, 이익 공유, 비즈니스 방향에 영향을 미치는 능력과 책임이 있다. 하지만 그들에게는 자신들의 능력에 상응하는 헌신이 없다.

경쟁력을 갖추기 위한 이러한 일방통행식 접근은 직원들의 지성이 가진 힘을 발현되지 못하게 하는 장애물로 작용한다.

상호 책임감을 창출하는 일은 매우 중요하다. 결국, 경쟁력이란 기업이 조직 내에 새로운 경쟁력을 깊게 각인시키는 과정과 양상에 의존하기 때문이다.

Strategic Intent

따라서 수많은 경영자들이 현재 사용하고 있는 채점표 이상으로, 경쟁력의 개념을 확대하는 일은 무엇보다 중요한 과제다.

'지금 비용이 더 낮은가?'
'우리 제품은 프리미엄 가격을 받는가?'

이것은 정답이 아니다.

Harvard Business Review CLASSICS 3

전략적 의지에서의 '경쟁력 확보'

오랫동안 경쟁력을 지속하는 것은 쉬운 일이 아니다. 새로운 경쟁력을 갖추는 일은 새로운 묘안을 하나씩 추가하는 것과 비슷하다.

즉, 통찰력을 갖추고 움직이는 첫 번째 사람이 나중에 움직이는 (흉내 내는) 사람보다 더 많은 수익을 올리는 것이다.

Strategic Intent

따라서 경험 곡선이 젊을 때 경쟁자보다 앞서 능력을 구축하고, 공장 가동률을 높여 가격을 낮추고, 규모의 경제로 비용을 절감한 기업이 더 큰 수익을 내게 된다.

경쟁자들이 시장점유를 간과했다는 사실을 이용해서, 행동하는 최초의 기업은 추가적인 점유를 목적으로 가격을 책정할 필요가 없다.

왜냐하면 시장점유 리더십이 더 낮은 비용과 더 나은 수익으로 어떻게 전환될 수 있는지를, 그들의 경쟁자들은 전혀 모르기 때문이다.

한편 특수한 시장도 존재한다. 예를 들어 전 세계 반도체 시장의 10%를 공급할 수 있는 각각의 반도체 회사가 존재하는 경우다. 이런 경우에 간과되는 시장점유는 더 이상 존재하지 않는다.

경쟁력을 유지하는 일은 지금 자신이 보유하고 있는 경쟁력을 유지하는 것이 아니다. 경쟁자가 흉내 내는 것보다 더 빠르게, 내일의 새로운 경쟁력을 구축하는 데 있다.

1960년대, 일본의 생산자들은 인건비와 자본비에서 우위에 있었다. 그러나 서구의 기업들이 해외로 생산 기지를 이동하기 시작했다. 그러자 일본 기업들은 공정 과정 기술에 대한 투자를 가속화했고, 규모와 질에서도 우위를 창출해냈다.

Strategic Intent

이후 미국과 유럽의 경쟁자들이 제조 업무의 합리화와 효율화를 이뤘다. 그러자 이번에는 제품개발률 The Rate Of Product Development 을 가속화함으로써 새로운 대응책을 마련해냈다.

이후 그들은 글로벌 브랜드를 구축했다. 그리고는 제휴와 아웃소싱 거래를 통해 경쟁자들을 무력화시켰다. 기존 기술을 향상시키고 새로운 기술을 학습하는 조직의 능력은 가장 뚫기 힘든 경쟁력을 가진 셈이다.

일반적으로 기업들이 전략적 의지를 달성하기 위해서는, 자신들보다 더 크고 더 나은 재무 능력을 갖춘 경쟁자들과 대결해 승리해야 한다.

그것은 부족한 자원을 아낄 수 있도록, 경쟁력 있게 업무를 수행하고 관리해야 함을 의미한다.

경영자들의 경우라면 어떨까?

경영자들은 동일한 게임을 더 잘 수행하는 방식만으로는 전략적 의지를 달성할 수 없다.

전략적 의지는 경쟁자들의 기술과 비즈니스 실무와 대비하여, 어떤 미미한 부분의 향상을 통해 달성할 수 있는 성질의 것이 아니다.

기존 리더의 경쟁력을 무력화하는 방식으로 게임 자체의 룰을 근본적으로 바꿔야 한다. 시장 진입, 우위 구축, 경쟁력 있는 전투에 대한 새로운 접근 방식을 고안해내야 하는 것이다.

Strategic Intent

현명한 경쟁자들에게 전략적 의지는 경쟁력 있는 모방이 아니라, 경쟁력 있는 혁신이다. 그리고 그것은 경쟁력 있는 리스크를 경영 가능한 수준 내에서 모두 포괄하는 기술이다.

경쟁력 있는 혁신에 대한 네 가지 접근은 일본 기업들의 글로벌 진출 과정을 살펴보면 명확하게 알 수 있다.

첫째 경쟁 우위의 두터운 층Layer을 구축하고, 둘째 헐거워진 혹은 빠진 벽돌을 찾고, 셋째 참여의 의미를 변화시키고, 넷째 협력Collaboration을 통해 경쟁하는 것이다.

Harvard Business Review CLASSICS 3

기업의 경쟁 포트폴리오가 넓을수록, 경쟁력 전투에서 기업이 직면할 리스크는 그만큼 줄어든다.

새로운 글로벌 경쟁자들은 꾸준하게 그들의 경쟁력 있는 무기와 무기고를 확대하는 것으로 포트폴리오를 구축한다.

그들은 저임금과 같은 방어 경쟁력이 덜한 것에서부터, 글로벌 브랜드 구축과 같은 방어 경쟁력이 더 큰 것으로 냉철하게 움직여 왔다.

일본산 컬러TV 산업은 이러한 층 구조 프로세스를 잘 보여준다.

1967년까지 일본은 흑백TV에 관한 세계 제1의 생산지였다. 하지만 1970년이 되자, 컬러TV에서는 그

Strategic Intent

격차가 줄어들었다.

그 당시 일본 기업들은 그들의 경쟁력, 즉 저임금을 이용해서 해당 산업의 기반을 구축했다. 이후 투자 방향을 글로벌 규모의 공장을 세우는 것으로 빠르게 이동했다.

이러한 투자는 그들에게 추가적인 경쟁력의 층을 제공했다. 바로 공정 향상을 통한 더 많은 비용 절감, 제품의 품질, 그리고 신뢰성이었다.

동시에 그들은 이러한 비용을 기반으로 하는 경쟁력이 임금, 공정, 제품 기술, 그리고 교역 정책의 변화에 취약하다는 점을 인식했다. 그래서 1970년대 전반에 걸쳐, 채널과 브랜드를 구축하는 데 거대한

Harvard Business Review CLASSICS 3

투자를 단행했다. 글로벌 프랜차이즈라는 경쟁력의 또 다른 층을 구축한 것이다.

일본 기업들은 1970년대 후반까지 분할 투자 방식으로 제품과 비즈니스 영역을 확대했다. 그리고 1980년대에 이르러 마쯔시타, 샤프, 도시바, 히타치, 산요 등의 메이저 회사들은 글로벌 마케팅 투자를 지원할 수 있는 비즈니스 구축에 관한 상호관계 구조를 확립했다.

상호관계 구조가 확립되자, 그들은 세계 각 지역의 시장에 더 밀접하게 접근했다. 지역 시장에 맞는 제품을 제작하기 위해, 해당 지역 내 제조와 디자인 센터에 투자했다.

Strategic Intent

이들은 상호 배타적 선택이 아닌 상호 호혜적 협력을 경쟁력의 다양한 원천이라고 생각했다. 혹자가 경쟁적 자살이라 칭하는 것은 -비용 절감과 차별화를 동시에 추진하는 것- 실제로 많은 경쟁자들이 얻으려고 노력하는 도전 대상이다.

이들은 유연한 제조 기술과 더 나은 마케팅 정보를 활용함으로써, 표준화된 '세계적 제품'에서 '미국 시장을 위해 캘리포니아에서 제작된 마쯔다의 미니밴'과 같은 명확한 제품군으로 이동했다.

경쟁력 있는 혁신에 이르는 또 다른 접근, '헐거워진 혹은 빠진 벽돌을 찾는 일'은 뜻밖의 이익을 발생시킨다.

이 이익은 전면전全面戰과 마찬가지로 비즈니스 전투에서 특히 유용하다.

방식은 이렇다. 글로벌 시장 전쟁 초기, 새로운 경쟁자들은 그들보다 더 크고 더 강력한 기존 선두주자들의 바로 아래에 자리를 튼다. 선두주자들이 부적절하게 방어하는 지역을 선점하는 방법이다.

헐거워진 혹은 빠진 벽돌을 찾기 위해, 경영자들은 시장에 잠입하는 방법이나 경쟁자에 도전하는 몇 가지 정설을 염두에 둬야 한다.

다음 사례를 보자. 우리는 미국의 한 다국적 기업을 대상으로 (각 국가에서 활동하는) 경영자들에게 일본

Strategic Intent

경쟁자가 각 로컬 시장에서 무엇을 하고 있는지 말해 달라고 요청했다.

첫 번째 대답은 "그들은 저가 시장에 진출하고 있습니다."였다.

두 번째 대답은 "그들은 우리 쪽 시장에서 저가 상품을 공급하지 않고, 고가 상품에 있어 흥미로운 제품을 몇 가지 갖고 있습니다. 우리는 그것들을 분해해 살펴봐야 합니다."였다.

또 다른 경영자는 다른 이야기를 했다.

"그들이 우리 시장에서 가져간 것은 없습니다. 그런데 부품을 공급하겠다는 통 큰 제안을 했습니다."

Harvard Business Review CLASSICS 3

일본 경쟁자들은 각 국가마다 다른 유형의 벽돌 전략을 시행한 것이다.

헐거워진 혹은 빠진 벽돌 전략은 경쟁자의 일반 통념을 신중하게 분석하는 것부터 시작한다.

- 그 회사는 서비스를 제공하고 있는 시장을 어떻게 정의 내리고 있는가?
- 가장 수익성 높은 분야는 어디인가?
- 어떤 로컬 시장이 진입하기 어려운가?

목표는 덩치가 큰 경쟁자들이 좀처럼 접근하지 않는 해당 산업 혹은 **틈새**의 구석을 찾는 게 아니다. 해당 산업 리더들이 현재 점유하고 있는 시장의 지형 밖에서 공략할 수 있는 신규 기지를 구축하는 것이다.

Strategic Intent

목표는 논란이 없는 수익 안전지대, 즉 특정 제품 세그먼트_{예를 들어 저가 오토바이 제품}, 가치 체인의 일부_{컴퓨터 산업 내 부품 공급} 혹은 특정 로컬 마켓_{동유럽}일 수 있다.

예를 들어 혼다는 오토바이 산업의 리더가 되었는데, 그 시작은 해당 산업의 리더들이 잠식한 제품 시장 범위 밖에 속하는 제품이었다.
결과적으로 그들이 간과한 영역에서 활동 기반을 구축한 후, 보다 확대된 공격을 진행하기 위해 그 기반을 활용할 수 있었다.

많은 경쟁자들이 보지 못했던 것이 바로 혼다의 전략적 의지였다. 좀 더 구체적으로 말하면 혼다가 가진 엔진과 파워에 있어서의 역량이었다.

미국에서 혼다가 50cc 오토바이를 판매하는 바로 그 순간, 이미 유럽에서는 좀 더 큰 오토바이로 경쟁하고 있었다. 디자인 능력과 기술의 조합이 낳은 결과였다. 그것은 체계적으로 혹은 단계별로 오토바이 산업의 전체적인 스펙트럼을 확장하는 데 필요했다.

엔진에 있어 핵심 역량을 창출하는 혼다의 과정은 경쟁자들에게 겉으로 보기에 그들과 관계없는 시장에 -자동차, 잔디 깎기, 보트 엔진, 발전기- 진입할 수 있다는 점을 알리는 것이기도 했다.

그러나 각자 자신들의 시장에 정착한 각 기업들에게, 혼다의 다양한 상품 지형의 위협은 주목을 받지 못했다. 그후 마쯔시타와 도시바와 같은 기업들이 혼

Strategic Intent

다와 비슷하게 산업 경계를 아우르는 예상치 못한 방식으로 이동했다.

헐거워진 혹은 빠진 벽돌을 보호하려면, 기업들은 글로벌 경쟁자들의 이동을 추적하고 예측할 수 있어야 한다.

제품 세그먼트, 비즈니스, 로컬 시장, 부가가치 단계, 유통 채널을 아우르며 자신들의 주변부 영역을 확대해야 한다.

기존 참여자의 산업과 세그먼트 경계에 대한 정의를 거부하는 것, 즉 참여의 의미를 변화시키는 것은 경쟁력 있는 혁신의 또 다른 형태다.

캐논의 복사기 시장 진입이 바로 이러한 접근을 잘 보여준다.

1970년대에 코닥과 IBM은 세그멘트 형성, 제품, 유통, 서비스, 가격 정책의 측면에서 그 기준을 제록스의 비즈니스 시스템과 맞추려 했다.

그 결과, 제록스는 새로운 진입자들의 의도를 해석하고 대응 방안을 모색하는 데 아무런 어려움이 없었다.

IBM은 결국 복사기 시장에서 철수했다. 코닥은 제록스가 여전히 지배하는 거대 복사기 시장에서 1위와 격차가 너무 벌어진 2등일 뿐이었다.

반면 캐논은 '경쟁적 참여'의 의미를 변화시켰다. 제

Strategic Intent

록스가 전방위의 복사기를 구축하는 동안, 캐논은 비용을 절감시키기 위해 기계와 부품을 표준화했다.

캐논은 제록스의 거대 직판 판매 조직을 따라잡으려 시도하기보다는 사무용 제품을 판매하는 딜러들을 통해 유통하는 방식을 택했다.

또한 제품에 대한 신뢰성과 내구성을 향상시키고 서비스 책임을 딜러들에게 넘김으로써, 전국적인 서비스 네트워크를 형성해야 하는 필요를 종식시켰다.

캐논 복사기는 임대가 아닌 판매였다. 이로 인해 캐논은 임대에 소요되는 재무적 부담에서 벗어났다.

캐논은 기업의 복사전문 부서 책임자에게 고가의 복사기를 판매하는 대신, 개별 복사기를 원했던 비서와 각 부서의 관리자들에게 호소하는 전략을 사용했다. 캐논은 이러한 방식으로 잠재적 진입 장벽을 깔끔하게 피할 수 있었다.

캐논의 이러한 경험은 진입 장벽과 모방 장벽 간에 중요한 차이가 있음을 보여준다.

제록스의 비즈니스 시스템에 맞추려한 경쟁자들은 제록스와 똑같은 진입 비용을 들여야 했고, 당연히 모방 장벽의 높이는 높아졌다.

그러나 캐논은 게임의 룰을 바꿈으로써 극적으로 진입 장벽의 높이를 낮췄다.

자신들의 기존 비즈니스 전략과 조직을 재고해야 할 필요와 직면한 제록스는 한동안 무력한 상태에

빠졌다.

제록스 경영자들은 그들이 제품 라인을 축소시키고, 새로운 채널을 개발하고, 신뢰성을 향상시키는 것을 빠르게 할수록 회사의 전통적 수익 기반을 더 빠르게 악화시킨다는 사실을 깨달았다.

제록스의 전국 판매 조직, 서비스 네트워크, 임대 복사기를 위한 거대 설비 기반, 서비스 수익에 대한 의존 등 제록스를 성공으로 이끌었던 요소로 보였던 것들이 이제는 스스로를 공격하는 암세포가 되고 말았다.

이 경우에 경쟁력 있는 혁신은 상대를 쉽게 넘어뜨리는 유도와 같다. 즉, 더 큰 경쟁자의 몸무게를 역이용하는 것이다.

선두주자의 능력과 기반을 모방하는 것이 아니라, 자신이 가진 것으로 기존 선두주자와 상반되는 능력을 개발함으로써 캐논은 제록스를 무너뜨렸다.

경쟁력 있는 혁신은 기존에 성공을 거둔 경쟁자가 성공 레시피에 집착한다는 전제 하에서 일어난다.

그들을 패배시키는 새로운 경쟁자가 지닌 가장 효과적인 무기가 깨끗한 종이 한 장인 이유가 여기에 있다. 그리고 기존 리더의 가장 큰 취약점은 기존 방식에 대한 맹신이다.

마지막으로 협력을 통한 경쟁도 강력한 무기가 된다. 라이센스, 아웃소싱 협정, 합작 투자를 통해, 싸우

Strategic Intent

지 않고 승리하는 것이 때로 가능해진다.

유럽에서는 지멘스와 STC영국의 최대 컴퓨터 제조회사, 미국에서는 암달과 제휴한 후지쯔가 제조에 대한 규모를 확보하여 서구 시장에 진출한 사례가 있다.

1980년대 초, 마쯔시타는 영국에서 쏜, 독일에서 텔레푼켄, 프랑스에서 톰슨과 합작 투자를 진행했다. 이러한 합작 투자는 마쯔시타가 유럽 VCR 비즈니스의 주도권을 두고 필립스와 치른 전쟁에서, 세력을 빠르게 확대할 수 있는 동력이 되었다.

Harvard Business Review CLASSICS 3

전략적 의지에서의 '경쟁력 부활'

자신들보다 더 큰 글로벌 경쟁자들과 싸울 때, 일본 기업들은 '인간 갈등의 역사'처럼 오래된 격언을 사용했다.

"적의 적은 나의 친구다."

잠재적 라이벌의 개발 노력이나 실적을 활용하는 것도 경쟁력 확보를 위한 협력의 또 다른 목표다.

Strategic Intent

초기의 소비자 가전제품 전쟁에서 서구 경쟁자들은 VCR, 캠코더, 콤팩트디스크 플레이어와 같은 차세대 제품을 제조하고 있었다. 그러는 동안 일본 경쟁자들은 TV나 하이파이Hi-Fi와 같은 전통 비즈니스 분야를 공략했다.

일본 경쟁자들은 자신의 라이벌들이 개발 비용을 점차적으로 낮추기를 희망했다. 대부분 그들의 바람대로 정확하게 이뤄졌다. 그러나 자체 개발 노력을 포기한 기업들은 이어진 신제품 전쟁에서 경쟁자의 대열에서 거의 탈락하고 말았다.

협력은 경쟁자의 강점과 약점을 꼼꼼하게 측정하는 데도 활용할 수 있었다. **토요타의 GM과의 합작 제**

Harvard Business Review CLASSICS 3

휴, 마쯔다의 포드와의 합작 제휴는 미국의 경쟁자들이 이룩한 비용 절감, 품질과 기술의 진보를 측정하는 데 있어 가치를 따질 수 없을 정도의 유리한 지위를 안겨줬다.

또한 그들은 GM, 포드가 어떻게 경쟁하는지도 학습할 수 있었다. 즉 경쟁자들이 어떨 때 싸우고, 어떨 때 싸우지 않는지도 알게 된 것이다. 물론 포드와 GM도 파트너 경쟁자들로부터 학습할 수 있는 똑같은 기회를 누렸다.

우리가 그리고 있는 경쟁력 부활의 여정은 전략에 대한 새로운 관점을 암시한다. 전략적 의지는 장기적으로 자원 할당에 일관성을 부여한다. 명확하게 표현

Strategic Intent

된 기업의 도전 과제는 중단기적으로 개인의 노력과 시도가 어디에 집중되어야 하는지를 잘 보여준다.

결국, 경쟁력 있는 혁신은 단기적 경쟁 리스크를 줄이는 데도 도움을 준다.

장기적 일관성, 중단기적 집중, 그리고 단기적 창의성과 열정은 위대한 목표를 달성하는 과정에서 제한된 자원을 배가시키는 열쇠를 제공한다. 하지만 승리의 과정 Process Of Winning이 있듯 패배의 과정 Process Of Surrender도 있다.

경쟁력 부활은 그 과정 역시 이해하는 것을 필요로 한다.

기존에 보유하고 있었던 기술 리더십과 거대 지역

시장에 대한 손쉬운 접근을 감안하면, 어떻게 미국과 유럽의 국가들이 타고난 권리처럼 보이던 '글로벌 산업을 지배할 수 있는 태생적 권리'를 상실할 수 있겠는가!

　여기에 간단한 대답은 없다. 아주 소수의 기업만이 실패를 기록하고 연구하는 가치를 인식한다. 그리고 그보다 더 적은 수의 기업들이 경쟁에서 실패한 원인을, 그들 자신의 전통 경영에서 찾기도 한다.
　그러나 우리는 매우 중요한 단서를 제공하는 패배의 병리학 패배의 과정으로 요약되는이 존재한다고 믿는다.

　서구식 전략적 사고의 본질이 '탁월함에 대한 8가지 규칙', '7가지 S', '5가지 경쟁 요소', '제품 수명 4단

Strategic Intent

계', '3가지 본원적 전략' 등 수없이 많은 나열로 요약될 수 있다는 생각은 매우 불편한 진실이다.

과거 20여 년간 전략에서 서구의 '진보'는 경험적 기반을 가진 유형 분류 체계유형론, 객관적인 사실보다 경험치에 따라 직관적으로 판단하는 휴리스틱 Heuristics, 시간이나 정보가 불충분하여 합리적인 판단을 할 수 없거나, 굳이 체계적이고 합리적인 판단을 할 필요가 없는 상황에서 신속하게 사용하는 어림짐작 기술 그리고 방대한 목록의 형태를 취해 왔다.

그러나 제품 수명 주기, 경험곡선, 제품 포트폴리오, 포괄적 전략과 같은 개념들은 치명적 부작용을 가지고 있다. 그것들은 경영에서 고려해야 하는 전략적 선택의 수를 줄인다.

그리고 사업 고수(固守)와 유지보다는 매각을 선호하는 현상을 양산한다. 그리고 경쟁자들이 쉽게 해독할 수 있는 빤한 전략들을 만들어낸다.

전략 '레시피(공식)'들은 경쟁력 있는 혁신의 기회를 제한한다. 어떤 기업이 40여 가지의 사업을 운영하고 있는데, 고작 가진 전략이 4개(투자, 유지, 성과, 매각)라는 의미다.

우리는 전략을 너무나 쉽게 포지셔닝 활동으로 인식한다. 포지셔닝 활동에서 옵션이란 '그들이 기존 산업 구조에 어떻게 맞추고 있나?'로 평가받는다.

그러나 현대 산업 구조는 해당 산업 내 리더의 강점을 반영하기 때문에, 그 리더의 규칙 안에서 움직인다면 그것은 자살 행위와 다름없다.

Strategic Intent

세분화, 가치 체인_{기업활동에서 부가가치가 생성되는 과정}, 경쟁자 벤치마킹, 전략그룹, 유동성 장벽과 같은 컨셉으로 무장한 수많은 경영자들은 산업 지도를 그리는 데 점점 더 능숙해졌을 것이다.

하지만 그들이 산업 지도를 부산하게 그리는 동안, 그들의 경쟁자들은 지도 밖에 있는 새로운 공간으로 이동하고 있었다.

전략의 목표는 기존 산업 공간 내의 틈새를 찾는 것이 아니라, 그들 기업의 강점에 독특하게 들어맞는 새로운 공간, 지도를 벗어나 지도에 없는 공간을 창출하는 것이다.

이것은 특히 산업 간의 경계가 점점 더 불분명해지고 있다는 점에서 진실이다. 금융 서비스와 통신과 같은 산업에서 급격하게 변화하는 기술, 탈규제화, 글로벌화는 전통적 산업 분석이 지녔던 가치를 퇴색시키고 있다.

지도를 그리는 능력과 기술은 지진의 진앙지 측면에서는 전혀 중요하지 않다. 그러나 격변하는 산업은 그들만의 지도를 재작성하려는 야망 있는 기업들에게는 -그들이 전통적 산업 경계 밖을 생각할 수 있는 동안에는- 값진 기회를 제공한다.

'성숙Mature'과 '쇠퇴Declining'와 같은 개념도 너무 크게 정의가 내려진다. 대부분의 경영자들이 사업을 '성숙

Strategic Intent

단계로 볼 때, 현 지정학적 시장에서 기존 채널을 통해 판매되는 기존 상품의 판매와 성장이 정체되었다는 것을 의미한다.

그러나 이러한 경우에 '성숙'한 것은 그 산업이 아니라, 그 산업에 대한 그 경영자의 생각이다.

피아노 사업이 성숙 단계에 접어들어 정체되었냐고 물었을 때, 야마하의 고위경영자는 이렇게 말했다.
"우리는 세계의 어느 곳, 어느 누구에게도 어떤 시장점유율을 빼앗아오지 못할 때만 그렇게 생각합니다. 하지만 우리는 여전히 수익을 올리고 있습니다. 어쨌든 우리는 '피아노 사업' 아니라, '키보드 사업'을 하고 있으니까요."

수년 뒤에, 소니는 다른 기업들이 오래전에 사업이 성숙했다고 포기했음에도 불구하고, 라디오와 테이프리코더 사업을 부활시켰다.

성숙에 대한 폭 좁은 개념이나 정의로 인해 회사가 더 넓은 미래의 기회를 얻지 못하는 경우도 있다.

1970년대 여러 미국 기업들은 소비자 가전 제품이 성숙한 산업이 되었다고 생각했다. 그들은 스스로에게 물었다.

"그렇다면 무엇이 컬러TV 산업을 능가할 가능성이 있을까?"

그리고 RCA와 GE는 메인프레임 컴퓨터_{컴퓨터 본체}와 같은 더 매력적인 산업에 주의를 돌렸다. 이로 인해

Strategic Intent

VCR, 캠코더, CD 플레이어 산업에서는 일본 제조사들이 사실상 독점적 지위를 누리게 되었다.

아이러니하게도 이미 성숙했다고 여겨진 TV 사업은 극적인 르네상스 시기를 맞았다. 미국에서 고화질 TV가 출시되면서 약 200억 달러의 산업이 새롭게 형성되었다. 그러나 이것조차도 TV의 개척자들에게는 거대한 광맥의 아주 작은 부분이었다.

대부분의 전략 분석 도구들은 자국 내에만 초점을 둔다. 경영자들로 하여금 글로벌 기회와 위협을 고려하도록 만드는 전략 분석 도구는 소수에 불과하다.

예를 들어 포트폴리오 계획은 지정학적 시장 배열

이 아닌 비즈니스적 시장 배열로서, 최고경영자의 투자 옵션을 나타내준다.

그 결과는 예측 가능하다. 비즈니스가 외국의 경쟁자들로부터 공격을 받는 상황이면, 기업은 해당 사업을 포기하고 다른 곳으로 눈을 돌린다.

단기적 관점에서 이것은 산업 쇠퇴에 대한 기업의 적절한 반응일 수도 있다. 그러나 앞으로는 자국 내, 즉 로컬 시장을 기업의 도피처로 삼을 수 있는 사업은 점점 더 줄어들 것이다.

우리는 해당 사업을 포기하고 다른 것을 찾는 기업들에게서는 이런 질문을 들을 수 없었다.

"우리가 글로벌 경쟁자들보다 앞서 해외 신규 시장

Strategic Intent

에 진출해서 이 사업의 수익성을 길게 가져갈 수 있는가? 우리가 글로벌 경쟁자의 자국 내 시장에 역공을 가해 그들의 확장 속도를 늦출 수 있는가?"

성공 글로벌 기업에서 일하는 한 고위경영자는 이렇게 말했다.

"우리는 포트폴리오 컨셉을 통해 경영활동을 하는 경쟁자를 보는 게 반갑다. 우리는 경쟁사 CEO의 판매 목록을 그 비즈니스에 대입하여, 우리가 얼마나 많은 점유를 가져가야 하는지를 거의 대부분 예측할 수 있다."

또한 기업들은 조직의 조합레시피에 속박을 받을 수 있다. SBUStrategic Business Units, 전략 사업 단위가 함의하는 분산화와 같은 것이 그것이다.

분산화는 매우 유혹적이다. 일선 최고경영자들의 어깨에 곧바로 성공 혹은 실패의 책임을 올려놓을 수 있기 때문이다.

각 사업은 그들의 전략을 성공적으로 수행하는 데 필요한 모든 자원을 지원받은 것으로 가정된다. 이러한 상황, 즉 변명의 여지가 통하지 않는 환경에서 최고경영자들은 실패를 매우 견디기 힘들어 한다.

강력한 SBU 지향성을 가지고, 글로벌 유통과 브랜드 포지션을 성공적으로 구축한 기업은 거의 없다. 이와 달리 글로벌 브랜드 프랜차이즈에 대한 투자는 대체로 단일 비즈니스의 자원과 리스크를 초월한다.

Strategic Intent

중요한 원칙은 단순하다. 글로벌 시장에서 범위의 경제Economies Of Scope는 규모의 경제만큼 중요하다.

그러나 범위의 경제를 확보하는 일은 상호 비즈니스Interbusiness 협력을 필요로 한다. 그리고 이것은 오로지 최고경영진만이 할 수 있는 일이다.

우리는 또한 극단적인 SBU 형태의 조직이 탈숙련화Deskilling, 오랜 경험과 교육을 통해 획득한 업무적 지식과 기량이 불필요하여 제거된다는 의미 상황을 초래했다고 믿는다.

단일 SBU에 있어 반도체, 광학저장장치, 혹은 엔진과 같은 핵심 기술에 지속적인 투자를 하기 어려운 경우가 생길 수 있다. 이럴 때, 경쟁력을 유지하는 유일한 방법은 잠재력을 갖춘 경쟁자들로부터 핵심 부품을 구입하는 것이다.

SBU를 제품 시장 용어로 정의를 내리면, 그들의 경쟁력은 가격과 성능에서 경쟁력을 갖춘 완제품을 제공하는 것을 의미한다.

그러나 이러한 정의는 SBU 경영자들에게 '제품으로 구현되는 아웃소싱의 경쟁력'과 '복수의 사업 수행을 통해 달성되는 조직적 역량'의 차이를, 금전의 문제로만 인식하고 판단하게 한다. 즉, SBU의 특성상 어쩔 수 없이 선택해야 하는 아웃소싱이 당장은 재무적으로 이익이 될 수도 있다.

하지만 향후에 회복할 수 없는 손실을 보게 되는 혹은 비즈니스 자체를 괴멸시키는 결과를 낳을 수도 있다는 의미다. (투자를 해야 함에도) 핵심활동에 대한 추

Strategic Intent

가적인 투자가 자본의 수익성 투자 면에서 비효율적이라고 판단할 수 있게 만드는 것이다.

이는 내부 회계 데이터가 핵심 역량 주도권 유지라는 경쟁력의 가치를 반영하지 못하기 때문이다.

글로벌 기업 브랜드의 프랜차이즈 공유, 그리고 핵심 역량의 공유는 수많은 일본 기업들에게 있어 그들을 단단하게 접합시켜주는 회반죽Mortar과 같은 역할을 했다.

이러한 회반죽이 부족한 기업의 사업들은 말 그대로 느슨해지는 혹은 빠진 벽돌이 된다. 결국, 핵심 역량에 꾸준하게 투자하는 글로벌 경쟁자들에게 나가떨어지게 된다는 의미다.

Harvard Business Review CLASSICS 3

상호 비즈니스 협력을 하는 기업들은 자국 내 기업들을 장기간 소싱 협력사로 끌어들이고, 상호 비즈니스 협력을 통해 글로벌 브랜드 투자에 있어 범위의 경제를 움켜쥔다.

분산화 위험 목록의 마지막은 SBU 조직에서 애용하는 경영 성과 표준이다. SBU 경영자들은 투자 수익률을 기준으로 하는 성과에 대한 보상을 '단독'으로 받게 된다. 불행하게도 이것은 종종 분모 경영 Denominator Management으로 귀결된다.

왜냐하면 그 경영자는 투자와 종업원 수의 -분모- 축소가 재무비율을 '향상' 시킨다는 점을 금세 발견하기 때문이다.

Strategic Intent

 경영자는 분자Numerator, 즉 매출 혹은 수익 성장보다는 재무비율로 더 수월하게 평가받는다. 이것은 많은 비용이 소진될 수 있는 산업 침체기에는 즉각적으로 민감하게 반응한다.

 그러나 재빠르게 투자를 축소하고 노동자를 해고하는 경영자는 산업이 다시 호황기에 들어섰을 때, 잃어버린 역량을 다시 회복하고 투자를 원상 복귀하는 데 매우 오랜 시간이 걸린다.

 결과적으로 그들은 모든 사업 주기에서 시장점유율을 잃게 된다. 특히 최고로 유능한 인재들을 유치하는 데 냉혹한 경쟁이 벌어지는, 그리고 경쟁자가 끊임없이 투자하는 산업 분야에서, 분모 경영은 축소

Harvard Business Review CLASSICS 3

래칫Retrenchment Ratchet, 축소나 삭감에 의해 한 번 이뤄진 감축(인원이든 투자든) 상태를 다시 원상복귀하기(되돌리기) 힘들다는 의미, 즉 인력 혹은 경비 축소의 악순환을 의미한다을 야기한다.

통상적인 이러한 개념을 가진 경영자는 분모 경영의 문제를 악화시킨다. 비즈니스 스쿨경영대학원은 이 점에서 유죄다.

왜냐하면 한 손에는 순현재가치 계산을, 다른 손에는 포트폴리오 계획을 들고 있는 경영자는 어느 곳, 어떤 비즈니스에서든 관리 혹은 경영을 할 수 있다는 개념을 영구화했기 때문이다.

Strategic Intent

전략적 의지에서의 '경영자 역할'

....

 사업이 다각화되어 있는 기업에서의 최고경영자들은 한 파트 사업을 총괄하는 일선관리자를 단지 숫자로만 평가한다. 숫자 외에는 평가에 대한 어떤 자료나 토대도 존재하지 않기 때문이다.

 그러나 일선관리자들은 '커리어 개발'의 일환으로 너무 많은 인사이동을 하기 때문에, 정작 그들이 경영하는 사업의 미묘한 부분을 이해하지 못하는 경우가 종종 있다.

GE를 예로 들면, 빠르게 승진하여 중요한 5가지 신규 사업을 주관한 한 일선관리자가 5년 동안 5개의 사업 단위로 인사이동했다. 그의 빠른 성공 시리즈는 결국 한 일본 경쟁사와 대결하면서 종말을 고했다. 그 경쟁사의 일선관리자는 10년 이상을 같은 사업을 계속 이끌어온 사람이었다.

능력과 노력에도 불구하고, 빠르게 승진하고 인사이동이 잦은 경영자는 해당 사업에 대한 깊은 지식을 쌓을 수 없다.

왜냐하면 기술 옵션, 경쟁자의 전략, 글로벌 기회를

Strategic Intent

충실하게 논의하고 토의하기 위해서는 충분한 시간이 필요하기 때문이다.

따라서 그들이 추가하는 가치는 잦은 인사이동을 하며 배운 재무, 전략적 계획에 대한 지식에 국한된다. 결국, 논의는 매번 '숫자'로 귀결된다.

기업의 내부 계획과 회계 시스템에 대한 지식이 그 사업의 충실한 지식을 대체하면서 경쟁력 있는 혁신이 이뤄지지 않는 것이다.

경영자가 그들 임무가 2~3년의 시간적 제한에 걸려 있다는 점을 인식하면, 뛰어난 성과를 빠르게 달성해야 한다는 엄중한 압박에 시달린다. 이런 압박은 종종 하나 혹은 두 가지 양상으로 나타난다.

Harvard Business Review CLASSICS 3

하나는 재임 기간 이상의 시간이 필요한 목표에는 전념하지 않는다는 것이다.

또 하나는 비현실적인 목표를 세우고 단시간 내에 처리하라는 압박을 가하는 것이다.

사업에서 1등을 차지하는 것은 전략적 의지의 본질이다. 그러나 3~4년 단기간에 성과를 내려 한다면 그것은 재앙을 초래한다.

통합의 문제를 주의 깊게 고려하지 않고 인수합병이 이루어지거나, 경쟁력 있는 결과를 고려하지 않고 합작 투자가 성사된다. 그렇게 되면 조직은 각종 도전 과제에 대해 과부하가 걸린다.

Strategic Intent

　대부분의 전략 경영이론과 기업 계획 시스템은 '기업의 목표들이 사업 단위 전략을 이끌고, 사업 단위 전략이 기능적 전술을 이끈다'는 전략 체계를 전제로 한다.

　이러한 체계에서 최고경영자는 전략을 짜고, 조직은 이를 실행한다. 이러한 공식화와 실행의 분리는 매우 익숙하고 널리 도입되어 있다.

　그러나 이러한 전략 체계는 조직 구성원들의 전체 참여를 제한하는 '엘리트주의적 관점의 경영'을 양성하여, 기업의 경쟁력을 약화시킨다.

　직원들이 기업 목표를 내면화하는 데 실패하거나, 경쟁력을 향상시킬 업무에 깊게 몰두하지 못하기 때문이다.

전략 체계가 엘리트주의적 관점의 경영에 대한 유일한 설명은 아니다. 최고경영자들의 주변에서 자라난 성공 신화도 이를 영속화시켰다.

또한 격변하는 비즈니스 환경도 영향을 끼쳤다. 자신의 통제 범위 밖으로 보이는 경영 환경에 흔들리는 중간관리자들은 최고경영자가 모든 해답을 갖고 있다고 믿고 싶어 한다.

반대로 최고경영자는 하위 직원들의 사기를 꺾을 수도 있다는 두려움에 자신이 '모든 해답을 갖고 있지 않다'는 것을 인정하는 데 주저한다.

이러한 모든 일들의 결과는 기업 경쟁력 문제 전체

Strategic Intent

가 폭넓게 공유되지 않는 '침묵 코드'로 빠지는 것으로 귀결된다.

우리는 어떤 한 기업의 단위 사업 경영자들을 인터뷰했다. 그들 모두는 이러한 상황을 극도로 우려하고 있었다. 그들의 상사가 기업이 직면한 경쟁력 과제가 무엇인지에 대해 공개적으로 말하고 있지 않았기 때문이었다.

그들은 이런 소통 부족이 고위경영자의 입장에서 보면 인식 부족으로 비춰질 것이라 판단했다.

그러나 그들과 부하직원들의 관계를 묻자, 모두 똑같이 자신들은 그 문제경쟁력 과제를 직시할 수 있지만, 직원들은 그럴 수 없다고 대답했다.

실제로 직원들이 회사의 경쟁력 문제에 관해 듣게 되는 유일한 시간은 임금 협상 기간 동안이다. 직원들의 양보를 얻어 내기 위해 이 문제가 종종 활용되기 때문이다.

불행하게도 '모든 사람들이 인식하고 있지만 아무도 이야기하지 않는 위협'은 '명확하게 확인되어 문제 해결에 대한 전사적 노력의 초점이 이미 형성된 것'보다, 더 큰 우려를 양산해낸다.

최고경영자 입장에서 정직과 겸손이 경쟁력 부활의 영순위 전제 조건인 이유가 바로 여기에 있다. 그리고 또 하나의 이유는 웅성거림보다는 참여가 더 절실하게 필요하기 때문이다.

Strategic Intent

그렇지 못하면 품질 관리 서클Quality Circles, 생산에 있어서 품질의 관리와 향상을 위해 의견을 나누는 그룹, 전사적 고객 서비스 TCS, Total Customer Service와 같은 프로그램은 기대했던 것보다 못한 결과를 낳곤 한다.

기업의 경쟁력 문제를 성공적으로 수행하기 위해서는 관리 구조 이상이 필요하다. 이 점을 반드시 경영진은 인식해야 한다.

하향식 커뮤니케이션만이 더 효과적이라는 가정을 한다면, 새로운 역량을 이식하는 데 발생하는 어려움은 전형적으로 소통 문제 때문이다.

중간관리자들이 메시지를 분명히 한다면, 새로운 프로그램은 재빨리 뿌리를 내릴 것이다. 상향식 커뮤니케이션에 대한 니즈는 무시되거나, 혹은 단지 피드

백에 지나지 않는다고 여겨진다.

반대로 승승장구하는 기업들은 그들이 더 현명한 경영자를 보유해서가 아니라, '개미탑의 지혜'를 적용하는 방법들을 발전시켰기 때문이다.

그들은 경영자란 우주선을 타고 지구 궤도를 도는 우주비행사와 비슷해야 한다고 이해한다. 아마도 모든 영광은 우주비행사에게 돌아가겠지만, 누구나 알다시피 미션 뒤에 있는 진짜 똑똑한 사람은 지구에 있는 기술자사람들이다.

엘리트가 전략 공식을 작성한다고 생각한다면, 진실로 창의적인 전략을 짜기란 요원한 일이다.

Strategic Intent

하나의 예로, 개인적 혹은 기업 계획 부서만으로 인습적 지혜에 도전하는 창의적 전략을 짜기에는 여러 면에서 부족한 측면이 많다.

예를 하나 더 들어보자. 창의적인 전략은 연간 계획 수립에서는 좀처럼 나오기 힘들다. 항상 내년 전략을 위한 시작점은 거의 이번 연도의 전략이다.

개선과 향상은 점진적이다. 실제 기회는 다른 어딘가에 있을 수 있음에도, 기업은 그들이 아는 세그먼트와 지역만 고수하는 경향이 있다.

캐논이 개인 복사기 사업에 개척자 정신을 가지고 진출할 수 있었던 추동력은 일본 내 캐논 본사의 기획자가 아닌, 해외 판매 자회사로부터 나온 것이다.

Harvard Business Review CLASSICS 3

전략 체계의 목표는 여전히 유효하다. 위아래로 조직의 일관성을 유지하는 것이다. 그러나 이 유연성은 경직된 하향식Top-down 계획이 아닌 명확하게 기술된 전략적 의지로부터 나오는 것이 더 좋다.

전략적 의지의 도전 과제는 위대한 성과를 달성할 수 있는 수단을 고안하는 데, 직원들에게 그 권한을 제공하는 것이다.

하지만 우리는 패배를 맛본 조직들을 연구하면서, 이유가 무엇이든 그들 기업의 영웅적인 목표에 -계획 범위와 기존 자원을 넘어서는- 전념하기 위한 용기를 내지 못하는 고위경영자들을 항상 발견할 수 있었다.

Strategic Intent

 그들이 설정한 보수적인 목표들은 경쟁력 있는 혁신에 필요한 '긍정적 압박과 열정'을 일으키거나, 조직에게 훨씬 유용한 지침을 형성해주는 데 실패했다.

 일반적으로 이러한 종류의 보수주의에 대한 비난은 금융 시장에서 투자자들은 단기 지향으로 책임을 묻는다.

 투자자들의 단기 지향은 목표를 세우고 달성하려는 고위경영진의 능력에 대한 신뢰와 자신감 부족을 단순히 반영한 것이다.

 자본수익률을 40% 이상 향상시킨 이후조차, 증권시장은 회사에 8:1의 주가수익률을 고수했다.

 물론 시장의 메시지는 명확했다.

우리는 당신을 믿지 않는다. 당신은 수익 성장을 위한 능력을 보여주지 못하고 있다. 안이한 부분들을 과감히 쳐내고, 분모들을 관리하라. 그렇지 않으면 당신의 재원은 보다 창의적으로 활용할 수 있는 회사에 인수당할 것이다.

전략적 의지가 없는 기업들의 실적을 보면, 주식 시장에 희망을 안겨줄 것이 별로 없다. 투자자들은 절망적으로 단기 지향이 된 것이 아니라, 정당한 이유로 회의주의가 되었다.

우리는 최고경영자의 조심스러움이, 단순히 재무 목표를 달성하려는 행동의 결과라고 보지 않는다. 오히려 조직 전체를 활성화와 연계 짓는 그들 능력에 대한 자신감 부족의 반영이라고 본다.

Strategic Intent

어려운 목표를 이행하는 조직의 능력에 신뢰를 높이는 것, 그 일을 하는 데 동기부여를 주는 것, 새로운 역량을 내재화하는 데 충분할 만큼 장기적으로 주의를 집중하는 것, 이러한 것들이 최고경영자들의 실제 도전 과제다.

이러한 과제에 도전함으로써, 경영자는 비로소 그들이 글로벌 리더십을 쟁취하는 데 필요한 용기를 얻게 된다.

: 부록 :

전략 재구축하기

 글로벌 경쟁, 국제 제휴, 다국적 경영에 관한 연구를 수행하는 동안 우리는 미국, 유럽, 일본의 고위경영자들에게 가까이 접근할 수 있었다.

 우리는 글로벌 시장에서 성공과 실패의 이유를 풀어보는 과정에서, 서양과 극동의 최고경영자들이 경쟁 전략에 대한 개념을 매우 다르게 운영한다는 데 의심을 품었다.

 이러한 차이를 이해하는 것이 일본의 등극과 서구

의 쇠퇴에 대한 전통적 설명을 보충할 수 있고, 경쟁력 전투에서의 경영 방식과 그 결과를 설명하는 데 도움을 준다고 생각했다.

우리는 경영자들의 전략 모델을 맵핑Mapping하는 것으로 연구를 시작했다. 이후 선별된 경쟁력 전투의 구체적이고 상세한 역사를 구축했다.

우리는 다양한 관점의 전략에 대한 증거, 경쟁력, 그리고 최고경영자의 역할을 조사했다.

여기에서 두 가지 상반된 전략 모델이 등장했다. 하나는 대부분의 서구 경영자들이 인식하는 모델로, 전략적 맞춤을 유지하는 문제에 중점을 둔다. 나머지 하나는 자원을 배가시키는 문제에 중점을 둔다.

두 가지가 상호 배타적인 것은 아니지만, 강조하는 부분에서는 상당한 차이가 있다. 그리고 그 차이는 시간이 지날수록, 어떻게 경쟁력 전투를 수행하는가에 큰 영향을 미친다.

두 모델 모두 제한된 자원을 가지고 적대적 환경에서 경쟁하는 문제를 인식한다.

하지만 전자는 이용 가능한 자원과 맞도록 야망을 다듬고 손질한다. 후자는 겉으로 보기에 도달할 수 없을 것 같아 보이는 목표에 도달하기 위해 자원을 배가시킨다.

또한 두 모델 모두 상대적 경쟁력이 수익을 결정짓는다는 점을 인식한다.

하지만 전자는 본질적으로 유지 가능한 경쟁력 우위를 찾는 데 방점을 둔다. 후자는 새로운 경쟁력 우위를 구축하여 경쟁자를 넘어서는 데 있어 조직적 학습을 가속화할 필요성을 강조한다.

두 모델은 더 큰 경쟁자와 경쟁하는 어려움 또한 인식한다.

하지만 전자는 틈새 시장을 찾는 것으로 유도한다. 후자는 큰 경쟁자 혹은 기존 선두주자의 경쟁력을 무력화하는 새로운 규칙을 탐구한다.

두 모델은 조직 활동 범위에 있어 균형이 리스크를 줄인다는 것도 인식한다.

하지만 전자는 현금 창출과 현금 소비 사업의 균형

있는 포트폴리오를 구축함으로써 재무 리스크를 줄이려고 한다. 후자는 균형을 잘 맞춘, 그리고 충분하게 폭 넓은 경쟁 우위 포트폴리오를 확보함으로써 경쟁 리스크를 줄이려고 한다.

두 모델은 최고경영자가 다양한 계획 단위에 대한 투자의 필요성을 구분 짓기 위해 조직을 나누는 필요성도 인식한다.

전자의 모델에서는 공통 제품과 채널, 고객에 의해 관련성이 정의되는 제품과 시장 단위로 자원이 할당된다.

각 사업은 전략을 성공적으로 실행하는 데 필요한 모든 중요한 자원과 스킬을 갖추는 것으로 가정된다.

Strategic Intent

후자의 모델에서는 제품과 시장 단위뿐만 아니라, 핵심 역량에 투자가 이루어진다.

사업에 따른 이러한 투자를 추적함으로써, 최고경영자는 개별 전략 단위 계획이 자연스럽게 미래 개발의 기반을 약화시키지 않는지 확인한다.

두 모델은 조직 단위 전반에 걸쳐 행동의 일관성이 필요함을 인식한다.

전자의 경우, 기업과 사업 단위 간의 일관성은 크게 재무 목표에 맞추는 문제다. 사업과 기능적 수준 간에 일관성은 사업이 그 전략을 달성하기 위해 사용하는 수단_{절차를 운영하는 표준, 해당 시장의 정의, 일반적으로 인정된 산업 실무 준수}을 엄격히 제한함으로써 달성된다.

후자의 경우, 기업과 사업 단위 간의 일관성은 특정한 전략적 의지에 대한 준수로부터 온다. 중기 Intermediate-term 목표들을 어떻게 달성할 것인지를 창안하는 데 동기부여가 된 하위직들과 함께, 도전 과제에 대한 준수로 달성된다.

Strategic Intent

:부록:
실패의 프로세스

지난 과거에 일어났던 글로벌 리더십 전투에서, 우리는 경쟁적 공격과 비용 절감의 양상을 살펴봤다. 이것은 산업계 전반에 있어서 주목할 정도로 공통적이었다.

우리는 이것을 실패의 과정이라 부른다.

이 과정은 보이지 않는 의지와 함께 시작되었다. 장기적으로 집중된 목표를 보유하지 않은 서구 기업들은 그러한 의지를 경쟁자들에게 투영하지 않았다.

또한 그들은 잠재적 경쟁자들이 가져온 위협을 그들의 동원 가능한 많은 자원Resourcefulness이 아닌 기존 자원Resource 측면에서 측정했다.

이로 인해 그들보다 덩치가 적은 경쟁자들을 과소평가하게 되었다.

그러나 이들 라이벌들은 이미 아주 재빠르게 라이센싱 협약을 통해 기술을 확보하고 있었다.

다운스트림 OEM 파트너를 통해 파악한 시장에 진출하고 있었으며, 기업 전반에 걸친 직원 연계 프로그램을 통해 제품 품질 향상과 생산성을 확보하고 있었다.

그들 라이벌들의 전략적 의지와 무형의 경쟁 우위

Strategic Intent

를 인식하지 못한 채, 미국과 유럽의 사업은 불의의 습격을 받게 되었다.

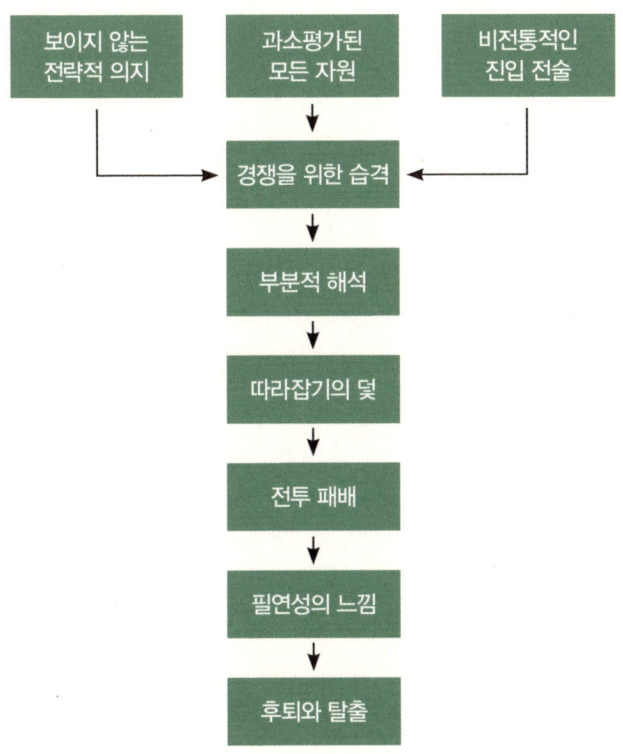

여기에서 경쟁을 위한 습격이 일어난다. 새로운 시장 진입자들은 시장을 지배하던 기존 강자들과 전면전에 돌입하기 전까지 시장 주변부를 공격한다.

소형 오토바이 시장에 진출한 혼다, 그랜드피아노 시장에 진출한 야마하, 소형 흑백TV 시장에 진출한 도시바 등이 그 예다.

기존 시장의 지배자들은 이러한 공격을 잘못 이해하여, 이것을 단순한 틈새 시장 전략으로만 인식하고 '헐거워진 벽돌'을 찾는 과정으로 보지는 못했다.

비전통적인 시장 진입 전략_{저개발 국가의 소수 고객 공략, 비전통적인 채널의 활용, 전면적인 기업 광고}은 무시되거나 기이한 것으로 치부되었다.

Strategic Intent

 예를 들어, 우리와 대화를 나눈 경영자들은 유럽의 컴퓨터 산업에 일본 회사의 자리란 존재하지 않는다고 말했다. 그 시점의 브랜드 점유율 면에서 그것은 정말 사실이었다.

 그러나 일본은 유럽 컴퓨터 산업의 하드웨어 판매에 있어, 그 전체 제조 가치의 3분의 1에 해당하는 큰 영향력을 가지고 있다.

 마찬가지로, 독일 자동차 회사들은 고급럭셔리 자동차 시장으로 진출하려는 일본 회사들의 의지를 크게 신경 쓰지 않는다고 말했다.

 그러나 저가 모델은 일본 회사들의 거센 압력에 시달리고 있었다. 포르쉐는 일본 회사들이 더 이상 '진입 단계' 모델을 제공하지 않을 것이라고 언급했다.

서구 경영자들은 이러한 경쟁자들의 전술을 잘못 이해했다.

그들은 일본과 한국의 기업들이 가격과 품질에만 기반해 경쟁한다고 믿었다. 이러한 믿음은 경쟁자들의 현재 상황해외 공장 건설, 아웃소싱, 품질 프로그램 도입에 대한 부분적인 답일 뿐이다.

다층 구조의 경쟁력, 관련 제품 세그먼트로의 확장, 글로벌 브랜드 포지션의 개발과 같은 경쟁자의 위협에 대한 총체적인 양상을 좀처럼 이해하지 못하고 있었던 것이다.

이들 경쟁자들의 눈에 띄는 전술을 그대로 흉내 내는 일은 영원히 이들을 쫓아야만 하는 덫에 스스로

Strategic Intent

를 가둘 뿐이다. 전투에서 하나하나씩 패배를 맛보게 되고, 종국에는 항복을 해야 할 것이다.

물론 이러한 패배는 필연은 아니다. 하지만 궁극적인 의지와 목표를 위장하고 직접적인 대치를 회피하는, 전략적 의지를 가진 경쟁자들의 도전은 계속된다.

그래서 전략적 의지가 없으면 개인도, 기업도, 국가마저도 결국 망한다는 것은 명백한 사실이다.

Harvard Business Review CLASSICS 3

: 부록 :
요약

아이디어 정리

 당신의 기업이 가공할 만한 경쟁자들을 앞서 나가기 위해 싸우고 있다면, 전통적인 전략 계획 접근법의 결함이 무엇인지 이제는 인지해야 할 것이다.

 전통적인 전략은 경영자들로 하여금 더 창의적이고 단호한 경쟁자들이 가져오는 위협을 오판하게 만든다. 그리고 현재의 자원에 모든 것을 맞추려 하기 때문에 경쟁에 대한 포부와 열망을 축소시킨다.

Strategic Intent

리더십의 지위에 오르려는 경영자들은 매우 다양한 구도로 전략에 접근한다. 그들은 자신들의 자원과 역량을 뛰어넘는 위대한 야망을 키운다. 조직의 모든 수준과 단위에서 승리하기 위하여 강박적인 의지에 불을 붙이고, 수십 년 동안 그 의지를 유지한다.

그리고 그들은 장기적으로 임직원들의 상상력을 휘어잡고 성공의 핵심 요소를 명확하게 말하는 장기적인 전략적 의지로 정의를 내린다. 캐논의 "제록스를 이기자."라는 설정이 바로 그것이다.

그 결말은?

결국 그들은 성공했고 리더십의 지위를 유지했다. 끝없는 따라잡기의 덫을 극복해낸 것이다.

아이디어 연습

'전략적 의지'를 현실로 만들다

전략적 의지는 마라톤에서 400m를 전력 질주로 달리는 것과 비슷하다. 기업에서 전략은 거리만 주어지고 방향은 정해지지 않는 마라톤을 달리는 것과 같다.

당신은 42,195km 앞에 어떤 지형이 펼쳐져 있는지 알 수가 없다. 따라서 다음 400m 앞에 모든 것을 집중해야 한다.

어떻게?

도전 과제를 제시하라! 그 경주에서 매번 등장할 다음 언덕에 대한 도전이 그것이다.

Strategic Intent

- 위기감을 창조하라 : 잠재적 위협의 현재 지표를 최대한 강조함으로써 미래의 위기를 대비하고 대응하라.
- 도전 과제를 개인화하라 : 최고의 선두주자들이 무엇을 하고 있는지를 임직원들이 정확하게 인식할 때, 그들은 자신들이 무엇에 집중해야 하는지를 알게 될 것이다.
- 임직원들에게 필요한 기술과 능력을 제공하라 : 통계 도구, 문제 해결 솔루션, 팀 빌딩 등 임직원들에게 필요한 모든 것들을 가르쳐라.
- 한 번에 하나의 도전에 집중하라 : 반드시 피해야 할 것은 '조직의 과부하'와 '우선순위들의 갈등 상황'이다.

경쟁자를 앞서라

경쟁자보다 자원이 부족하다면, 그들보다 한 발 앞서 나갈 필요가 있다. 경쟁력 있는 혁신이 그 답이다.

다음과 같은 접근 방식을 고려하라.

- **경쟁력의 두터운 다층 구조를 구축하라** : 값싼 노동력과 같은 하나의 장점에만 의존하지 마라. 더불어 기업 브랜드를 구축하고, 유통 채널을 늘리고, 특정 시장에 맞는 제품을 고안하라.

- **장벽이 없는 영역을 선점하라** : 혼다는 장벽이 없는 시장으로 '저가' 오토바이 시장을 확인했고 선점했다. 혼다는 50cc 오토바이를 미국에서 판매하면서, 유럽에서는 더 큰 오토바이를 두고 시장 경쟁을 벌였다. 혼다의 디자인 능력과 기술을 조합하여 전체 시장을 지배하는 데 활용한 것이다. 경쟁자는 혼다의 전략적 의지와 엔진과 동력 전달 장치 기술에서의 성장을 결코 알지 못했다.

- **참여의 의미를 변화시켜라** : 제록스가 거대 판매 조직을 통해

Strategic Intent

전방위의 복사기 시장을 구축한 반면, 캐논은 복사기와 부품을 표준화하여 비용을 절감시켰다. 더불어 캐논의 복사기는 사무용 제품을 취급하는 딜러를 통해 판매했고, 자신만의 혹은 자기 부서만의 복사기를 가지고 싶어 하는 사람들에게 호소했다. 제록스와 대조되는 역량을 강화함으로써, 캐논은 새로운 성공 레시피를 개발해냈다. 그 결과, 경쟁자에게 빠르게 보복할 수 있는 능력을 지녔던 제록스의 무기가 사라졌다.

- 협력을 통해 경쟁하라 : 유럽에서 지멘스와 STC, 미국에서는 암달과 제휴한 후지쯔는 그들의 제조 규모를 늘려 서구 시장 진출의 문을 열었다.

Strategic Intent

by Gary Hamel, C.K. Prahalad

Original work copyright © 2010 Harvard Business School Publishing Corporation All rights reserved.
This Korean edition was published by Smart Business Publishers in 2016 by arrangement with Harvard Business Review Press through KCC (Korea Copyright Center Inc.), Seoul.

하버드 비즈니스 리뷰 클래식 ③
전략적 의지가 없으면 싸구려다

지은이 게리 해멀, C. K. 프라할라드
옮긴이 권춘오
펴낸이 이종록 펴낸곳 스마트비즈니스
스태프 형유라, 박정례
등록번호 제 313-2005-00129호 등록일 2005년 6월 18일
주소 서울시 마포구 성산동 293-1 201호
전화 02-336-1254 팩스 02-336-1257
이메일 smartbiz@sbpub.net
ISBN 979-11-85021-51-5 03320

초판 1쇄 발행 2016년 05월 26일